# Der kölsche Struwwelpitter

Der Struwwelpitter.
wie dat Boch zom hundertste Mol
neu opjelaht wood
100
100
1845
1876
100
VIVAT
STRUWWEL
Struwwel
Hoch
100
Hä kallt:
„Ich ben noch dat löstije Kälche
Un kumme zom hundertste Mol.
Vill Puute sin he en däm Sälche,
Dat freut mich un ich halde Pol.
Ehr ahl Lück met Plaate un Falde,
Üch maht ich vör Johren allt Freud.
Ich han minge Name behalde,
Ehr jläuvt et, dat mich dat nit reut.
Zwor dät mer mich öntlich friseere,
Se schnette ming Näl un ming Hoor.
Dat sall mer nit noch ens
passeere,Ich blieven dä
Poosch, dä ich wor."

# Der kölsche Struwwelpitter

Kölsche Verzällcher
met dä ahle Bilder
för Lück
met löstijem Hätze

nach Dr. Heinr. Hoffmann

bearbeitet
von
**Heinz Heger**

BOUVIER VERLAG · BONN

Die Deutsche Bibliothek - CIP-Einheitsaufnahme

**Hoffmann, Heinrich:**
Der kölsche Struwwelpitter : kölsche Verzällcher met dä ahle Bilder för Lück met löstijem Hätze / nach Heinrich Hoffmann bearb. von Heinz Heger. - 3. Aufl. - Bonn : Bouvier, 1994
ISBN 3-416-02513-X
NE: Heger, Heinz [Bearb.]


Printed in Germany. Druck und Einband: Druckerei Plump KG, Rheinbreitbach.

# Wä sök, dä fingk

# Op e Woot, leev Fründe!

No eß hä do, der kölsche „Struwwelpitter!"
Ich sagen et ihrlich: „En dä kölsche Rümcher un Verzällcher litt e Stöckelche vun mingem kölsche Hätz dren."
Wammer su wie ich en de Johre kütt, en Plaat ov jries Hoor hät un Falde em Jeseech, muß mer sich allt ens öftersch jet räste. En mänchem stelle Stündche jon de Jedanke dann zoröck en de eije Kinderzick. Jeit et Üch nit och allt ens esu? Weßt Ehr noch, wie et domols ovends derheim em Stüvvje wor, wann de Mamm aanfing zo verzälle: „Et wor ens!"
Mänchmol dät och de Jroß uns Puute e Verzällche vum Struwwelpitter vörlese. Wat han uns Äujelcher jeblänk un wat han uns Bäckelcher jejlöth! Et wor jo och zo schlemm, wie der Schnieder met der schärpe Schier dem Konrad, däm Dumelötscher, de Dümcher avjeschnedde hät. Ehr brutt ävver no nit zo kriesche. Ich verroden Üch jän, dat ich der Mamm flöck Nihnol, Fingerhot un Jaan en de Häng jedaut han. Em Rüppche hatt se dem Konrad de Dümcher widder aanjeniht.
Et Finche ävver eß verbrannt. Ich kunnt et nit mih zoröck en et Levve holle. Woröm hät dat Leevje och met de Schwäfelspöncher jespillt! Et wor allt e Leid. Ich han met dä zwei Kätzjer Mitz un Mauz jejömert un:

„Ming Trone flossen durch de Naach
De Trapp erav noh'm Duffesbaach."

Wat sall ich Üch noch vill verzälle? Ehr hatt jo ming kölsche Rümcher un Verzällcher vör Auge. Doot se och de Puute vörlese. Su jewenne sich die klein Öhrcher aan uns schön kölsche Sproch. Dann künnen die klein Schnüßjer villeich bal och Kölsch bubbele. Och, wör dat en Freud!
Et jröß Üch hätzlich
Öre Heinz Heger

# Vörsproch

„Leevje, wann do adich beß,
Kütt zo deer der hell'je Chreß.
Op de Stroße jevv jot aach!
Autos jöcke, maache Kraach.
Eß et Lämpche rut, bliev ston.
Eß et jrön, dann kanns do jon.
Ovends räum dä Spillkrom fott;
Och ding Popp, dat Lappelott.
Wann do brav di Züppche iß
Un et Brütche nit verjiß,
Brängk der hell'je Chreß jenoch:
Leckersch un e Bilderboch."

Süch in aan, dä kleine Stropp,
Pitterche mem Struwwelkopp!
Aan de Häng leet schniggen hä
Nit sing Näl. O jömmich nä!
Kralle wahßen allt e Johr.
Kämme leet hä nit sing Hoor.
Bah! röf jeder, wat e Bies!
Struwwelpitter, do beß fies.

# Dat Verzällche vum wödije Fritzje

Et Fritzje wor ne Lotterbov
Em Veedel met dem schläächste Rof.
De Fleje reß en singem Huus
Hä Flöjelcher un Beincher uus.
Mem Stohl schloch hä de Vüjjel dut.
De Katze lette ärje Nut.
Dem Jrietche schloch hä
met der Schmeck
Der Puckel blodich, blau un deck.

Am Heizemännchesbrunne drunk
Bei Hetz un Sonnesching ne Hungk.
Et Fritzje kom, met Wot em Bleck,
Un schloch dä Hungk met singer Schmeck.
Mer süht et op dem Bild jenau.
Hä trot in och. Dä hüült wauwau
Un beß met singe schärpe Zäng
Et Fritzje. Dat kom en de Bräng.
No höpp un schreit dä schläächte Fetz.
Dä Hungk, dä wibbelt met dem Stätz.
Hä schnapp de Schmeck met singem Mungk.
Am Engk freut sich allein dä Hungk.

Et Fritzje en der Lappekeß
Krääch Salve op dä deefe Beß.
Der Dokter reck im för sing Ping
En jruselije Medizing.

Dä Hungk am Desch vum Fritzje soß,
Wo hä Rusingekoche oß.
Oß och e Stöck jot Levverwoosch,
Drunk söße Saff för singe Doosch.
De Schmeck hät hä jlich metjebraht
Un hinge op der Stohl jelaht.

# Dat bedröv Verzällche met däm Föörzüch

Et Fienche wor allein zo Huus,
De Äld're wore beidse uus.
Jrad wie it durch et Stüvvje sprung
Un sich e löstich Leedche sung,
Do sohch it ston op der Kumod
E blänkich Föörzüch. „Zapperlot!"
Reef it, „dat eß der Möhde wäät.
Ich maache Föör em Köchenhääd.
Dem Pöppche kochen ich en Zupp.
Dat kann wal laache, wann et flupp."

Un Mitz un Mauz, die Katze,
Dun met de Pütcher kratze:
„Verkruff dich en et Höttche!
Der Papa bläut di Föttche!
Mio! Miau! Mio! Miau!
Loß ston! Söns brennt am Engk uns Kau!"

Et Fienche schöddelt met dem Kopp.
Noh beidse Sigge schwenk der Zopp.
Flöck flammp et eeschte Hölzje op.
Om Boddem litt de Lappepopp.
Mem Schwäfelspönche en der Hand
Danz fruh et Fienche lans de Wand.

Doch Mitz un Mauz, die dräue:
„Dat weesch do noch bereue.
Verkruff dich en et Höttche!
De Mama bläut di Föttche!
Miau! Mio! Miau! Mio!
Blos uus! Söns brenns am Engk och do!"

Au wih! No pack de Flamm et Kleid.
Et Föör öm Hoor un Rögge schleit.
No brennt dat Weech vun Foß bes Kopp.
Et brennt sujar der Siggeschlopp.

Un Mitz un Mauz, die Kätzjer,
Die hucken op de Stätzjer.
„O jömmich nä! Wä hilf däm Weech?
Der Hals brennt allt un et Jeseech.
Mio! Miau! Mio! Miau!
De Luff em Stüvvje eß allt blau.“

Et Fienche eß met Stump un Still
Verbrannt. Et blevv vun im nit vill.
Nor om Jebünn e Häufje Äsch
Un beidse Schohn, su schwatz wie Pech.

Un Mitz un Mauz, die jringe,
„Et wor kein Hölp zo finge.
Au wih! Au wih! Au wih! Au wih!
No hammer kei leev Fienche mih.“
Ehr Tröncher fleeßen durch de Naach
De Trapp erav noh'm Duffesbaach.

# Dat Verzällche vun dä schwatze Pööschjer

Em Sonnesching spazeet ne Mohr.
Schwatz eß hä wie ne Klütteboor.
Hä schötz et Heen mem Pareplü.
Dat eß en Hetz hück, tackerjü!
Do läuf der Pitter, wat hä kann,
Un schwenk en Fahn vum Pluutemann.
Mem Zuckerbrezel en de Häng
Kütt vun der ander Sick der Schäng.
Doch och der Wellem eß nit stief.
Hä drieht der Reife vör dem Liev.
Su laache se dat Möhrche uus:
„Jangk dich ens wäsche, lauf noh Huus,
Un kämm ding Hörcher schwatz un kruus.“

Do steit, met singer große Nas,
Der Zinterklos beim Tintefaaß.
„Hö't jot, ehr Puute, op mi Woot
Un maht üch eckesch durch de Kohd.
Wat kann dat Möhrche dann doför?
Hä krääch vum Herrjott jo sing Klör."
Die Fetze zeichten im de Zung.
Ehr Laache nor noch fieser klung.
Se schante wigger: „Jecke Mohr,
Do dreckelije Klütteboor."

Der Zinterklos weed ähnz un kott.
Hä schleit dä Fetze eesch de Fott.
„Em Jode han ich et jesaht.
No weed ehr kolleschwatz jemaht.“

Hä pack die drei met faßte Häng,
Der Reih noh, Wellem, Pitter, Schäng.
Hä zopp se en dat Fääßje deef,
Och wann der Pitter „Mama“ reef.
Hä stüß der janze Kopp eren.
Schwatz sin no Backe, Hoor un Kenn.

Schwatz sin die Fetze öm un töm.
Bal jon se öm de Eck eröm.
Vörop dä Mohr mem Pareplü.
Hä hivv si Näsje en de Hüh.
Die Pööschjer woote en nem Rupp
Met Böösch un Schmeerseif avjeschrupp.
Die Böösch dät op der Huck ärch wih.
No schängen se dä Mohr nit mih.

# Dat Verzällche vum welde Jäjerschmann

Ens trok ne welde Jäjerschmann
Si altfränksch Baselümche an.
Nohm Büggel, Büß un Polverhoon
Un leef durch Kappes, Klie un Koon.

Der Brell satz hä sich op de Nas,
Wollt scheeße, pufpaafs, dut der Has.

Dat Häsje sitz em Blädderhuus
Un laach dä blinge Jäjer uus.

De Sonn schung heiß op si Jeseech.
Die Büß hatt allerhands Jeweech.
Hä laht sich en et jröne Jras.
Dat sohch em Blädderhuus dä Has.
Un wie dä Jäjer schnorks un schleef,
Dat Häsje heimlich zo im leef.
Nohm flöck de Büß un och der Brell
Un schlech sich fott janz leis un stell.

Der Brell satz sich dä kleine Has
Nö selver op sing Hasenas.
Hä dräut däm Jäjer met der Büß,
Die hä im en der Rögge stuß.
„Hölp!“ schreit dä blinge Jäjerschmann
Un läuf, wat hä nor laufe kann.

En singer Nut fällt hä och noch
Koppüvver en e Wasserloch.
Hä hät et akkerat jeschaff,
Do schüß dä Has die Knallbüß av.

Däm Jäjerschmann sing Frau heelt faß
En ehrer Hand en Kaffetaß.
Die schoß dä Has ehr rack kapott.
Do fleejen allt de Stöcker fott.
Am Rand vum Wasserloch do soß
Däm Has si Kind, wat Blädder oß.
Lus huckten it em jröne Jras.
Der Kaffe dröppten op sing Nas.
It schreiten: „Wä hät mich verbrannt?"
Un heelt der Läffel en der Hand.

# Dat Verzällche vum Dumelötscher

„Konrad, bliev mer brav em Huus,"
Säht de Mamm: „Ich jon jetz uus.
Beß do leev un hö'sch op mich,
Brängen ich jet met för dich.
Noch jet, Konrad, merk deer dat!
Lötsch nor nit ding Dümcher platt.
Jläuv, der Schnieder paß jot op.
Flöck eß hä de Trapp erop.
Met der Rieseschier, do Krott,
Schnick hä deer ding Dümcher fott."

Doch der Konrad eß nit fuul,
Stopp der Dumen en de Muul

Dä, do springk, wat e Malöör,
Allt der Schnieder durch de Döör,
Hät de Schier jlich metjebraht,
Wie de Mamm et im jesaht.
Schnick de Dümcher av. Klipp klapp!
Süch, do mäht der Konrad schlapp.
Vun de Hängcher dröpp et Blot.
Konrad, hättsde doch jehoot!

Konrad hät kein Dümcher mih.
Ärch dun im de Stümpcher wih
Wat süht hä bedröppelt uus,
Doch de Mamm kromp flöck eruus
Nihnol, Fingerhot un Jaan,
Niht de Dümcher widder aan.
Konrad lötsch no nie mih draan.

# Dat Verzällche vum Zuppe-Käsper

Der Käsper, wie e Rähnfaaß rund,
Hatt Speck am Liev, wor känjesund.
Sing Backe wore rut un fresch.
Wat schmeckten im de Zupp om Desch!
Op eimol ävver schreit dä Krott:
„Ich mag kein Zupp mih, schött se fott.
Un eesch die Milchzupp, bah, wie fies!
Met Milchzupp wäde Wäng jewieß.“

Am Dag dodrop, beloor dat Spill,
Fung mer vum Speck allt nit mih vill.
Doch wie de Zupp erenjebraht,
Hät widder hä Buhei jemaht.
„Loß mich en Rauh! Ich mag kein Zupp!“
Der Teller hät hä fottjestupp.

Am dretten Dag, au wih un aach!
Wat wor der Käsper dönn un schwaach!
En einem ävver blevv hä zih:
„Ich well un mag kei Züppche mih!
Die Zupp eß keine Jrosche wäät.
Dä, jevv die Zupp dem Karepäd!“
Hä kippten se, patsch, op de Äd.

Am veeten Dag, et wor jo klor,
Der Käsper wie ne Faddem wor.
Hä paßten en e Kaffelut, –
Un wor am fünften Dag allt dut.

# Dat Verzällche vum Zabbel-Fibbes

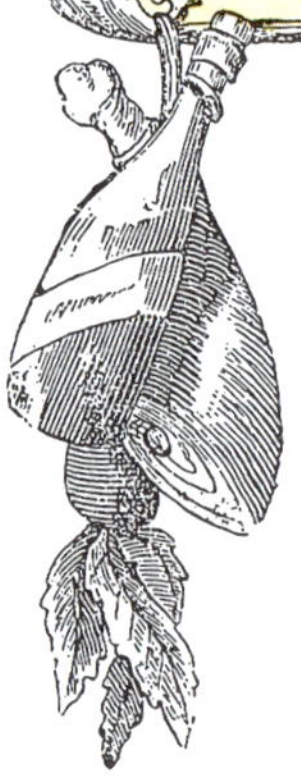

„Fibbes, halt dich akkerat!“
Säht der Vatter. „Setz dich jrad!
Loß die Stohlbein ungerm Desch,
Sprattels schlemmer wie ne Fesch,
Dä aan minger Angel ropp.“
Och de Mutter hivv der Kopp.
Doch dem Fibbes eß et jlich,
Wat der Vatter zo im sprich.
    Hä babbelt
    Un zabbelt,
    Hä tribbelt
    Un wibbelt.
Wie dat Schlabberlätzje wipp,
Wann hä schöckelt, wann hä kipp!

Bauz! Et kom, wat kumme moot.
Fibbes, hättsde doch jehoot!
Evvens stüß hä sich met Kraff
Wupptich vun der Deschkant av,
Bes der Stohl noh hinge fällt;
Do eß nix mih, wat in hält.
Met dem Deschdoch en de Häng
Kütt der Fibbes en de Bräng.
Teller falle, Kump un Fläsch.
Deef noh Luff der Vatter käch.
Nor de Mutter äujelt stell
Op der Desch durch ehre Brell.

Dä, et Esse sin se quitt
Un der Zabbel-Fibbes litt
Unger Posteling un Spreit.
Wödich no der Vatter schreit:
„Kühl, Zizies, die jode Besse,
Sin vum Desch eravjeresse.
Och de Schottel eß kapott.
Wadt, ich krijjen dich, do Krott!"
Un de Mutter kiev för drei:
„Nä, eß dat en Biesterei!"

# Dat Verzällche vum Hans Kick-en-de-Luff

Wann et Hänsje schulle jing,
Singe Bleck am Himmel hing.
Mösche, Duve, Määle Krohle,
Dät hä en de Wolke mole.
Ävver vör de eije Bein
Sohch hä nit der deckste Stein.
Dobei krääch hä mänche Puff:
„Vörsich, Hans Kick-en-de-Luff!“

Do, ne Hungk kütt em Karjär
Läuf dem Hänsje en de Quer.
Wick un breit
Keiner schreit:
„Hans, paß op, dä Hungk eß noh!“
Et jeschoh.
Hungk un Hänsje falle hatt,
Lijjen op dem Rögge platt!

Ens spazeeten hä am Rhing
Met der Schulltäsch brung un fing;
Hovv et Köppche noh de Stän,
Sohch kein Mor un kein Latän.
„Opjepaß! Dat jeit nit jot!
Hänsje, bliev op dinger Hot!"
Un die Feschjer op der Reih
Sin verbasert alle drei.

Noch e Schrettche, ohne Möh
Plumsch et Hänsje en die Bröh.
Ziggich han en einem Satz
Die drei Fesch de Kurv jekratz.

Rhingkadette, wat.e Jlöck,
Kome jihlich anjejöck,
Han met Hoke un met Stange
Flöck et Hänsje opjefange.

Klätschnaaß steit hä op der Mor
Un die Bröh jitsch wie en Schor
Vun de Häng un vun dem Kopp
Op de Schohn däm ärme Stropp.
Huh, dä iesichkale Sudder,
Driev im durch der Liev ne Schudder.

Doch die Feschjer laache laut.
Och, wat han se sich jefraut!
Laache, Hänsje, üvver dich,
Laache sich bal schibbelich,
Laache noch en janze Zick;
Un die Schulltäsch schwemmp allt wick.

# Dat Verzällche vum Bäätes, dä fottfloch

Wann der Rähn spreuz wie e Bies,
Wann der Sturm de Äß avrieß,
Blieve Puute brav em Huus,
Jon nit op de Stroß eruus.
Nor der Bäätes, dä eß jeck,
Läuf et leevs durch Matsch un Dreck.
Flöck schnapp hä si Pareplü
Un de Kapp un eß futtü.

Bah, wat hüült der Sturm un pief!
Wie dat jitsch un klätsch un sief!
Hölp un Mood! Dat Pareplü
Hivv der Bäätes en de Hüh.
Süch, die lange Ieserspetz
No allt bal de Wolke retz.
Wie ne Pappendeckelspott,
Flüch de Kapp am Himmel fott.

Och, wat eß der Bäätes klein!
Hängk met zabbelije Bein
Aan der Kröck vum Pareplü.
Vörre flüch de Kapp, morjü!
Wo der Sturm se herrjedrage,
Nä, dat weiß kei Minsch zo sage.